EFFORT SUPRÊME

POUR RAMENER AU DEVOIR

LE P. HYACINTHE

AVIS AUX GENS DU MONDE

Par ANTICHAN.

Quelle est la note caractéristique des hérésiarques ? C'est la corruption du cœur.

TOULOUSE

IMPRIMERIE TROYES OUVRIERS-RÉUNIS

Rue Saint-Pantaléon. 3

1869

Malheur à l'homme qui abuse de la science ! Cet abus, en effet, plonge son esprit dans une nuit profonde et désespérante en le rendant vain, enflé et orgueilleux, au lieu d'être toujours humble et anéanti ; loin de voir Dieu dans les objets qui l'environnent, il semble se faire un honneur, une gloire, de jeter sur lui non-seulement le voile de l'oubli, mais encore le ridicule d'un criminelle indifférence, et pour couronner dignement une si grande aberration, il adore tout, excepté Dieu lui-même.

Cette triple ingratitude à l'égard de Dieu, en aveuglant son esprit, le fait descendre à un tel point de dégradation, qu'il devient par un juste châtiment le fléau et la honte de la société. Pour nous en convaincre, prêtons une oreille attentive à la voix de l'Esprit-Saint faisant par la bouche de Saint Paul le portrait des prétendus sages de la voluptueuse Athènes, de l'orgueilleuse Rome. Par rapport à eux-mêmes, ils ont été, dit-il, pleins d'iniquités, de malice, d'impureté, d'avarice, de toutes méchancetés ; par rapport à leur prochain, ils ont été envieux, meurtriers, querelleurs, fourbes et trompeurs, pleins de malignité. Enfin ils ont été semeurs de faux rapports, calomniateurs, ennemis de Dieu, outrageux, superbes, vains, inventeurs de nouvelles malices, rebelles à leurs pères et à leurs mères, fous, sans jugement ; déréglés, sans conduite ; dénaturés, sans affection pour leurs proches ; fourbes, sans foi ; cruels, sans humanité.

Et pour tout dire en un mot ils ont été impies à l'égard de Dieu, injurieux à la nature, cruels aux hommes, abominables en eux-mêmes.

Or ce que Saint Paul nous dit des faux sages de l'antiquité, l'histoire ecclésiastique nous l'apprend des hérésiarques qui se sont succédé dans l'Eglise depuis Notre-Seigneur Jésus-Christ pour contrister le cœur de cette bonne et tendre mère.

Les noms trop tristement célèbres dans les annales ecclésiastiques, des Arius, Macédonius, Pélage, Nestorius, Eutychès, Mahomet, Léon l'Isaurien, Luther, Calvin, en sont une preuve convaincante. La plupart d'entre eux ministres de Dieu, après avoir dégradé, souillé la sainteté de leur caractère sacré, sont devenus pour les peuples un sujet de dérision et d'ignominie. Car les paroles sacramentelles du divin Sauveur s'adressant à l'Eglise : « Celui qui vous écoute, m'écoute ; celui qui vous méprise me méprise », loin de produire dans leur cœur une impression salutaire pour les retenir sur les bords de l'abîme, n'ont fait qu'exciter leur rage et leur fureur. Insensés ! ils crurent par un sot orgueil étouffer dans leurs bras celle qui condamnait leurs aberrations et gémissait sur leur conduite scandaleuse.

On dit que de nos jours un homme qui donnait les plus belles espérances, qui semblait destiné à devenir une colonne de l'Eglise de France, est sur le point de faire un triste naufrage. Ne sera-ce pas pour moi une grande témérité, d'essayer d'élever ma faible voix pour donner des conseils à celui qui a déjà décliné ceux d'un père bien autorisé! Cette circonstance malheureuse porterait dans mon cœur le découragement le plus complet, si je ne savais que quelquefois ce que l'amour, la tendresse paternelle n'ont pas pu obtenir, le dévouement, une amitié sincère l'ont obtenu. Si, ce qu'à Dieu ne plaise, ses entrailles se raidissent encore contre les accents plaintifs d'un ami en Notre-Seigneur Jésus-Christ qui le prie, le conjure, puisqu'il en est encore temps, d'épargner à l'Eglise des regrets, et à lui-même la honte de la chute, il ne me restera plus qu'à mêler mes larmes à celles de l'Eglise et à répéter sans cesse dans ma profonde douleur : malheur à l'homme qui abuse de la science ! Il ne me restera plus, dis-je, qu'à prier, pleurer et gémir. Quant aux impies qui semblent se réjouir d'une chute prématurée et en tirer un argument contre la divinité de la religion, je me contenterai de leur offrir une page d'un auteur très accrédité, page que je leur recommande d'avoir sans cesse présente devant les yeux et surtout profondément gravée dans la mémoire, parce qu'elle confondra leur joie anticipée. Enfin, pour soutenir et fortifier les chrétiens chancelants dans leur foi, je leur offrirai une seconde page du même auteur sur la nécessité du scandale.

Dieu, dit l'auteur en question, pour faire voir que l'Eglise est son ouvrage, a voulu qu'elle s'établît malgré l'opposition des hommes, et qu'elle fût fondée par le martyre. Il l'a tenue dans cet état pendant trois cents ans, sans qu'elle eût un seul moment pour se reposer. Il avait lui-même prédit à ses disciples qu'ils seraient persécutés, traînés devant les rois et les magistrats, maltraités et mis à mort pour son nom; il leur avait promis de rendre inutiles tous les efforts de leurs ennemis. Ne craignez point ceux dont tout le pouvoir se borne à ôter la vie du corps ; il ne peut tomber un cheveu de votre tête sans que votre père céleste le permette ; par la patience vous posséderez votre âme en paix ; c'est moi qui serai votre soutien ; je vous donnerai le courage et la force de vaincre vos ennemis ; j'ai vaincu le monde, et je vous en ferai triompher vous-mêmes.

En effet, dès que le christianisme parut dans le monde, toutes les puissances de la terre se soulevèrent contre lui , les sens, les passions, tous les intérêts combattaient pour l'idolâtrie; elle était faite pour les plaisirs ; les jeux, les spectacles et la licence y faisaient partie du culte divin ; les fêtes du paganisme n'étaient que des divertissements, et il n'y avait aucune circonstance de la vie où la pudeur fût moins respectée que dans ces cérémonies et ces mystères. La religion chrétienne, chaste, sévère, ennemie des sens, et uniquement attachée aux biens invisibles, ne pouvait plaire à des esprits si corrompus. Les chrétiens qui ne prenaient aucune part aux fêtes des païens, devaient en être haïs, détestés. A ces motifs vint se joindre l'intérêt de l'Etat ; la politique romaine se croyait attaquée dans ses fondements quand on méprisait ses dieux. Rome se vantait d'être une ville sainte par sa fondation, consacrée dès son origine par des auspices divins, et dédiée par son fondateur au dieu de la guerre ; elle se croyait redevable de ses victoires à sa religion ; c'était par là qu'elle s'imaginait avoir dompté les nations. Ne pas reconnaître ses dieux, c'était renverser les fondements de l'empire ; c'était haïr les victoires et la puissance du peuple romain. Ainsi les chrétiens, ennemis de ses dieux, étaient regardés en même temps comme les ennemis de la république; les empereurs avaient plus à cœur de les exterminer, que d'abattre les Parthes, les Sarmates et les Daces.

Aussi, depuis l'empire de Néron, les chrétiens furent toujours persécutés, tant sous les bons que sous les méchants empereurs; l'origine de ces persécutions était tantôt un ordre de l'empereur ou la haine particulière des magistrats ; tantôt les décrets du sénat ou le soulèvement des peuples, que l'on animait encore contre les chrétiens, en les calomniant.

Des causes particulières adoucissaient quelquefois la persécution pour un peu de temps ; mais la haine publique prévalait bientôt, la fureur des païens se rallumait, et tout l'empire ruisselait du sang des chrétiens. C'était surtout lorsqu'elle était ordonnée par la puissance publique, que la persécution devenait plus violente et plus générale ; c'est par ces renouvellements de violence que les historiens ecclésiastiques comptent dix persécutions sous dix empereurs différents. Le nombre des martyrs fut très considérable, et l'on en compte plusieurs millions. Les empereurs idolâtres se flattaient d'anéantir par ce carnage une religion qu'ils haïssaient ; mais cette religion prenait de nouveaux accroissements sous le fer et dans le feu; ils employèrent vainement contre elle les supplices les plus affreux : Ongles de fer, roues armées de lames tranchantes, grils ardents, bûchers, dents de bêtes féroces, tous les genres de tourments furent mis en usage, et ne servirent qu'à multiplier ceux que l'on voulait détruire. Plus la persécution était violente, plus le nombre des chrétiens augmentait; le sang des martyrs était une semence féconde qui les reproduisait au centuple. Ils n'opposaient que la patience à la fureur des tyrans, et, selon la promesse de leur divin maître, cette patience les faisait triompher de toute la rage des persécuteurs. Il n'y a jamais eu la moindre révolte de leur part : durant tant de siècles d'une persécution si cruelle, l'Eglise ne s'est jamais échappée ni un seul moment ni dans un seul homme, et on l'a vue aussi soumise sous Dioclétien, lorsqu'elle remplissait toute la terre, que sous Néron, lorsqu'elle ne faisait que de naître. Souffrir tout pour la vérité était un exercice ordinaire parmi les chrétiens, et ils couraient aux supplices avec plus d'ardeur que les païens à leurs fêtes licencieuses. Des vieillards infirmes, des vierges délicates bravaient les tourments, montaient avec joie sur les échafauds et sur les bûchers ; on a vu des enfants qui bégayaient encore, confesser Jésus-Christ avec intrépidité, et endurer sans se plaindre, des tortures cruelles ; le fer tombait de la main des bourreaux ; et eux-mêmes, changés tout à coup, présentaient aussi leur tête et devenaient martyrs à leur tour Les tyrans vaincus étaient obligés d'arrêter la persécution, pour ne pas dépeupler l'empire. C'est là qu'on voit véritablement le doigt de Dieu ; les païens eux-mêmes, étonnés de la constance et des miracles des martyrs, y reconnaissaient une force divine ; *on entendit plusieurs fois en plein théâtre ces cris du peuple : le Dieu des chrétiens est grand ! qu'il est grand le Dieu des chrétiens !* Certainement on ne peut considérer la durée, l'étendue et la cruauté du massacre qui a ravagé l'église naissante, sans reconnaître dans la fermeté de ses héros une vertu surnaturelle, un courage inspiré de Dieu, invincible comme lui. S'il y a quelques exemples d'hommes opiniâtres qui aient sacrifié leur vie pour l'erreur, ils sont en petit nombre, et d'ailleurs c'était pour des opinions sur lesquelles on peut se tromper ; au lieu que les premiers martyrs du christianisme sont morts pour attester des faits qu'ils avaient vus, qu'ils avaient touchés, et dont ils étaient assurés par le témoignage constant de tous leurs sens. On peut se passionner pour une opinion, mais on ne s'entête pas pour des faits douteux ou faux ; on ne se fait pas égorger pour assurer que l'on a vu ce qu'en effet on n'a point vu. Les martyrs des siècles suivants ont pareillement rendu témoignage à la vérité d'une religion qu'ils voyaient établie sur des faits incontestables. Concluons donc pour les impies passés, présents et futurs : Tant d'efforts inutiles de toute la puissance romaine conjurée pour exterminer les chrétiens, c'est-à-dire des hommes qui ne savaient que souffrir et mourir pour leur religion, démontrent que cette religion était l'ouvrage de Dieu, et que les hommes n'avaient pas établi ce que les hommes ne pouvaient pas détruire. L'église catholique subsiste donc non-seulement sans l'appui, mais même malgré l'opposition des puissances de la terre.

Elle subsiste telle qu'elle a été établie, avec sa hiérarchie, avec ses droits et ses pouvoirs spirituels, c'est-à-dire avec la constitution qu'elle a reçue de Jésus-Christ : une constitution qui s'est maintenue si longtemps par sa propre force au milieu des attaques violentes et multipliées, ne put venir que de Dieu ; et il n'est pas au pouvoir des hommes de la renverser, ni même de la changer.

Il est nécessaire qu'il arrive des scandales, dit Notre-Seigneur lui-même ; c'est une des épreuves où il veut mettre ses serviteurs, afin de les rendre dignes de lui. Il viendra un temps où la foi se refroidira, et où l'iniquité abondera dans la multitude. Les vices ont les sources dans les passions que la religion ne détruit pas ; elle apprend à les dompter ; mais elle n'ôte pas la liberté de les suivre. On ne doit pas s'étonner de voir des scandales dans l'Eglise, c'est le champ où l'ivraie croît avec le bon grain jusqu'au temps de la moisson ; c'est une aire où la paille est mêlée avec le froment ; c'est une barque où se trouvent rassemblés de bons et de mauvais poissons. Toutes ces comparaisons que l'Evangile emploie nous annoncent qu'il y aura dans l'Eglise des abus et des désordres qu'elle n'approuve point, qu'elle ne dissimule point ; au contraire, elle en gémit, elle les condamne, elle les déteste, et le soin de les réprimer fera toujours une partie de son travail ; mais elle n'en sera délivrée qu'à la fin du monde. Tant qu'elle sera sur la terre, il y aura des scandales parmi les fidèles, il y en aura parmi ses ministres. Jésus-Christ a promis au corps des pasteurs l'infaillibilité dans l'enseignement ; mais il n'a pas promis la sainteté dans la conduite. « Allez, leur dit Jésus-Christ, enseignez toutes les nations, baptisez-les, et leur apprenez à observer tout ce que je vous ai prescrit, et je serai avec vous jusqu'à la fin des siècles. »

En vertu de cette promesse, Jésus-Christ est avec les pasteurs pour les garantir de toute erreur et non pour les exempter de tout vice. Quoique le bon exemple des pasteurs soit un excellent moyen pour insinuer l'Evangile, dit l'illustre Bossuet, Dieu n'a pas voulu attacher la marche précise de la vraie foi à l'innocence de leurs mœurs, parce qu'on ne peut pas connaître cette innocence, et que tel qui paraît saint n'est qu'un hypocrite; mais il l'a attachée à la profession de la doctrine, qui est publique, certaine, et ne trompe point. Il a dit : « Je serai avec vous enseignant; mais il n'a pas dit : Je serai avec vous pratiquant tout ce que je vous ai commandé. Ainsi, ajoute-t-il en parlant aux fidèles, faites ce qu'ils vous disent, et non pas ce qu'ils font. » Cependant leur prédication ne sera pas sans effet. Comme la parole de Dieu est toujours féconde, que la grâce ne manque jamais d'accompagner la sainte doctrine, elle produira toujours des saints ; mais les saints seront quelquefois en petit nombre en comparaison des méchants ; et la merveille est que la multitude de ceux qui déshonorent l'Eglise n'empêchera qu'elle ne subsiste toujours ; que les désordres et les abus, quelque multipliés qu'ils soient, ne pourront jamais l'éteindre ni la cacher ; la merveille est que la barque, surchargée de mauvais poissons, n'arrivera pas moins au port. Il y aura donc des scandales dans le royaume de Jésus-Christ, puisqu'il l'a prédit ; mais ces scandales n'empêcheront pas qu'il ne soit avec son Eglise, et que la vérité qu'on y prêchera, n'ait son efficace, puisqu'il l'a promis. En effet, dans tous les temps, même les plus malheureux, on trouve de grands exemples de vertus. La morale de l'Evangile a été toujours mise en pratique par beaucoup de chrétiens dans tous les Etats ; chaque siècle a eu des modèles de sainteté, des pasteurs irréprochables, des vierges pures, des religieux fervents, des chrétiens fidèles à leurs devoirs, de vrais pénitents ; car c'est le désir sincère de la pénitence qui, depuis le onzième siècle, où le relâchement était grand, a introduit tant de nouveaux ordres religieux. Dieu a suscité des hommes extraordinaires pour réveiller la piété. La sainteté de l'Eglise consiste donc, non pas en ce que tous ses membres sont saints, en ce que sa doctrine et ses sacrements sont saints, mais en ce qu'il y a toujours des saints dans sa société, et qu'elle renferme tous les saints dans son unité. L'Eglise, dit le même prélat, est toujours sainte, parce qu'elle enseigne toujours hautement et visiblement la bonne doctrine sur la sainteté des mœurs, et parce que cette doctrine de piété sera mise en pratique dans tous les temps, même ceux du plus grand relâchement. Ainsi, quelque grande que soit ou puisse être la corruption qu'on imagine dans les mœurs, on ne peut pas dire qu'elle prévale, puisque la règle de la vérité subsiste toujours en son entier. S'il y a dans l'église des désobéissants et des rebelles, il y aura des saints et des gens de bien tant que la prédication de l'Evangile subsistera, c'est-à-dire sans interruption et sans fin. Il faut juger de la sainteté de l'Eglise, dit Saint Augustin, non pas par les mauvais chrétiens, mais par les bons, qui y seront toujours en grand nombre. L'Eglise souffre les méchants pour un temps, comme une paille qui met à couvert le bon grain dans l'aire. Ce serait donc une erreur manifeste de croire que les promesses de son éternelle durée ne peuvent s'accomplir parmi les abus et les scandales. Ceux même qui viennent de la part des ministres ne préjudicient point à l'effet des promesses. Dieu a permis que les chefs de la religion ne fussent pas toujours des hommes sans reproche, parce que la conservation de son Eglise ne dépend point de la sainteté de ses pontifes, mais de la parole qu'il lui a donnée d'être avec elle jusqu'à la fin des siècles. Le sort des empires de la terre est attaché à la conduite des princes qui les gouvernent, mais il n'en est pas ainsi de l'Eglise. C'est Dieu qui en a posé les fondements, et il leur a donné une telle consistance, que les hommes ni le temps ne peuvent les ébranler. N'est-ce pas là la conclusion qu'il faut tirer de certains endroits de l'histoire ecclésiastique, où l'on voit qu'il s'est introduit de grands abus dans le sein du christianisme ? Au lieu d'en prendre un sujet de scandale, ne devons-nous pas nous souvenir qu'ils ont été prédits, et que c'est une suite de l'état présent de l'Eglise, elle n'est point ici dans le lieu de son repos. Sa patrie est le ciel, la terre n'est pour elle qu'un lieu d'épreuve, un pays étranger, où elle est environnée d'ennemis qui s'efforcent, mais vainement, de lui enlever ce qu'elle a de plus précieux, la vérité et la charité. Quelque violentes que soient les tempêtes, ne craignons pas qu'elle soit submergée. Celui qui commande aux flots et à la mer, est lui-même le pilote qui la gouverne et qui la fera arriver au port. Nés et élevés dans le sein de cette Eglise, instruits de sa doctrine, sanctifiés par des sacrements, nourris dans les principes d'un inviolable attachement à sa foi et à son autorité, édifions-nous du bien qui s'y fait, gémissons du mal que nous ne pouvons empêcher et conservons avec soin l'unité d'un même esprit par le lien de la paix.

Les prophètes avaient prédit que le Messie serait roi, que sa domination s'étendrait sur tout l'univers, et que son règne serait éternel. Ne voit-on pas clairement que cet empire n'est autre que l'Eglise qu'il a établie. Cet empire est bien différent des royaumes de la terre. Il n'y a rien de tout ce qui relève aux yeux des hommes, de ce qui fait regarder ces royaumes comme florissants. Dans l'empire du Christ, l'or et l'argent ne sont comptés pour rien ; la gloire des armes lui est étrangère, il est sans pompe, sans soldats, sans aucun appareil extérieur ; il n'a point d'autres richesses que celles de la grâce, point d'autres forces que celles de la vertu. C'est un empire tout spirituel, c'est le règne de la vérité et de la justice. Il a pour but d'éclairer les hommes et de les sanctifier. Jésus-Christ règne sur les esprits par la foi, et sur les cœurs par la charité. Les seuls ennemis de cet empire sont les erreurs et les vices. L'Eglise est continuellement occupée à les combattre ; mais elle n'emploie pour les vaincre que l'instruction et la patience : avec ces armes, elle est assurée de la victoire. L'Eglise chrétienne s'étend chez tous les peuples, quelle que soit la forme de leur gouvernement ; elle y entre, elle s'y unit, sans rien changer à l'ordre politique qu'elle trouve établi, elle lui communique une nouvelle force ; elle en consacre les lois et les institutions, elle en devient le plus ferme appui. L'Eglise doit durer jusqu'à la consommation des siècles. Son sort ne dépend point de la stabilité des Etats où elle est admise; les différentes révolutions qu'ils éprouvent ne l'ébranlent pas. Elle subsiste après leur destruction. Elle survit à leur ruine. Elle a vu l'empire Romain s'écrouler, elle est demeurée ferme et immobile au milieu de ce grand ébranlement. Elle se soutient depuis dix-huit siècles parmi les orages qui se sont élevés de toutes parts ; elle se perpétuera jusqu'à la fin du monde, malgré les tempêtes qui surviendront encore dans la suite ; car c'est la destinée de l'Eglise, tant qu'elle sera sur la terre, d'être presque toujours assaillie par de nouvelles attaques et d'en triompher par les secours de son divin auteur. Ceux qui viendront après nous la trouveront toujours subsistante, parce que cette perpétuelle durée lui a été promise, et que celui qui lui a fait cette promesse est immuable, fidèle, tout-puissant. « Lisez, dit Saint Augustin, lisez ce qui a été prédit, voyez ce qui a été accompli, et concluez que le reste s'accomplira infailliblement : *prœdicta lege, impleta cerne, implenda collige.* » Oui, l'Eglise remplira sa glorieuse destinée ; elle continuera de s'avancer d'un pas ferme à travers les siècles et les révolutions humaines, jusqu'à la fin des temps, pour se réunir à Jésus-Christ dans le lieu de son repos éternel.

Qu'elle est vénérable aux yeux de la foi, cette Eglise qui est le chef-d'œuvre de la puissance de Dieu ! Heureux ceux qui lui sont inviolablement attachés ! Heureux ceux qui l'aiment ! L'amour de l'Eglise est le caractère des enfants de Dieu : on ne peut aimer Dieu sans aimer l'Eglise, qui est la cité où il règne, le séjour de l'éternelle vérité, le sanctuaire de la divine charité. Heureux donc ceux qui aiment l'Eglise, qui mettent leur joie à la voir en paix, qui demandent cette paix à Dieu, et qui y contribuent de tout leur pouvoir ! Mais sa véritable paix, sa paix parfaite ne se trouvera que dans le ciel ; c'est là qu'elle sera inondée d'un fleuve de paix, dont Dieu lui-même est la source. En attendant cette heureuse paix, l'Église a des combats à soutenir

sur la terre ; mais, au milieu de ces combats, elle ne laisse pas
de goûter, en la personne de ses véritables enfants, la paix de
Dieu, cette paix qui surpasse tout sentiment, et qui consiste dans
la fermeté de la foi, dans la consolation de l'espérance, et dans
l'union des cœurs par la charité.

Que le père Hyacinthe revienne donc au devoir, ou qu'il le
méconnaisse, les impies n'auront pas plus à se réjouir de son
retour que de sa chute, les fidèles non plus n'auront pas plus
de raison à être fermes dans leur foi par son repentir que par
son scandale ; parce que l'Eglise n'en sera ni plus ni moins
divine.

Mais si la divinité de l'Eglise n'a rien à gagner ni à perdre
touchant le père Hyacinthe, parce que une mère ne saurait perdre
sa glorieuse prérogative de mère, soit que ses enfants lui soient
soumis, soit qu'ils lui soient rebelles. Il n'en est point cependant
moins vrai de dire qu'une mère est toujours mère ; c'est-à-dire
qu'elle est dans la joie, dans l'allégresse, quand elle a des
enfants dociles ; tandis qu'elle est dans les larmes, dans les
gémissements quand ils dédaignent son amour maternel.

C'est donc au nom de cette mère éplorée, en y joignant les
liens si doux de l'amitié en Notre-Seigneur Jésus-Christ, que je
le prie et le conjure de se souvenir du jour où prosterné aux
pieds des autels, il a dit à Dieu :

*Dominus, pars hereditatis meæ, et calicis mei, tu es, qui
restitues hereditatem meam mihi.* Seigneur, vous êtes la part
qui m'est échue en héritage et la portion qui m'est destinée ;
c'est vous-même qui me rendrez cet héritage qui m'est propre. Ah ! je le sais, sans la grâce de Jésus-Christ mes faibles
paroles, comme un airain retentissant frapperont ses oreilles,
mais sans laisser dans son cœur des traces de leur passage
Bercé du doux espoir que cette grâce ne faillira pas, j'ose me
promettre que non-seulement il me pardonnera, mais qu'il me
bénira d'avoir pensé à remettre sous ses yeux les pieuses et
salutaires réflexions du père Bernardin de Picquigny sur un
passage de Saint Paul : « Le juste vit maintenant de la vie de la
grâce par la foi, et un jour il vivra de la vie de la gloire acquise

par la foi. La vie éternelle de la gloire dépend de la foi. Qui aura cru, etc... sera sauvé. »

La foi est la vie du juste, parce qu'elle est la racine, la source et le commencement de la véritable justice ou sainteté qui est la vie de l'homme véritablement pieux et spirituel. L'homme animal vit par les sens; l'homme philosophe vit par la raison; l'homme juste vit de la justice, de la sainteté, dont la foi est la racine.

Or cette vie nous est clairement révélée dans l'Evangile, où Jésus-Christ, la source de la vie, et qui était caché dans la loi, nous est manifestement déclaré, et où Jésus-Christ lui-même nous enseigne la nécessité de la foi. « Faites pénitence, dit-il, et croyez à l'Evangile. »

Les deux lettres suivantes ont paru après l'impression de ma brochure :

« Turin , 29 septembre 1869.

» Intrépide apôtre du progrès et de la vérité , bravo pour votre lettre et pour vos nobles et courageux sentiments ! Il est temps que des voix puissantes se lèvent pour confondre ceux qui dénaturent la religion du Christ et qui en font trafic. Il est temps , grand temps que la lumière se fasse et que la sublime et sainte vérité du christianisme et de l'Evangile triomphe des mensonges et des ténèbres.

» Comme homme de cœur et comme chrétien , je vous rends grâce pour votre noble franchise , pour votre courage indépendant et désintéressé.

» Comptez-moi au nombre de vos admirateurs et de vos amis

« Marquis de VILLAMARINA. »

Le Père Hyacinthe a répondu à cette lettre dans les termes suivants :

« Paris , le 30 septembre 1869.

» Les témoignages de sympathie comme ceux que vous me faites l'honneur de m'adresser sont bien faits pour m'encourager dans la voie difficile où je suis résolu de marcher.

» L'Italie peut peser d'un poids immense dans l'œuvre de la transformation de l'Eglise. *Tempus est ut judicium incipiat a domo Dei.*

» En ce qui me concerne personnellement, je ne sais pas si la protestation que j'ai élevée et si le sacrifice que j'ai accompli seront féconds, mais au moins j'aurai jusqu'à la fin obéi à ma conscience.

» Je vous remercie de m'avoir compris et de m'avoir approuvé.

» Fr. HYACINTHE. »

Le.Messager du Midi, dans son numéro du 10 octobre, me porte la triste et désolante nouvelle, que, le seul rayon d'espérance qui me restait de ramener au devoir le père Hyacinthe, par ma brochure qui depuis quelques jours était livrée à l'impression, vient de mettre enlevé. Les lamentations de Jérémie sur les ruines de Jérusalem, furent impuissantes pour détourner les malheurs de cette ville ingrate et déicide. Les miennes seront frappées de la même stérilité. Un instant, j'avais cru que la liste des enfants prodigues demandant avec arrogance, au père de famille, la part de l'héritage qui leur revenait, était close. Ces prodigues, l'histoire ecclésiastique les appelle Lamenais, Calvin, Luther, Léon l'Isaurien, Mahomet, Eutychès, Pélage, Macédonius, Nestorius, et Arius. Ces enfants dénaturés ont existé; aujourd'hui ils ne sont plus. Mais pour avoir encore des imitateurs sur la terre, qu'ont-ils donc emporté dans la tombe? Qu'ont-ils laissé après leur trépas? Sans doute ils ont laissé des richesses? Non. Ils ont laissé de l'honneur? Non plus. Ils ont laissé de la gloire? Encore moins. Ils ont laissé une odeur de sainteté? Bien moins encore.

Grand Dieu! qu'ont-ils donc emporté? qu'ont-ils laissé? Hélas! Ils ont emporté la honte, ils ont laissé l'ignominie.

Faut-il, faut-il donc que mon ami en Notre-Seigneur Jésus-Christ, pour cicatriser la blessure profonde que sa chute lamentable a produite dans mon cœur, m'abandonne, pour chercher le vain appui et les applaudissements insensés de faux amis qui ne demandent qu'à l'aider à dévorer sa propre substance, à le dépouiller de son riche héritage, pour l'abandonner à leur tour, et le laisser plus tard dans sa détresse. Ah! puisqu'il en est malheureusement ainsi!

Adieu. Je te quitte; mais en te quittant je pleure; je gémis, je prie, et prie, et prierai sans cesse pour qu'un tel malheur ne soit pas éternellement la juste récompense de ton infidélité.